RÉPERTOIRE DE LA
Société des Auteurs, Compositeurs et Éditeurs de Musique
10, Rue Chaptal — PARIS

LE PANTALON

VAUDEVILLE EN UN ACTE

de Louis MARTIN & Georges KRIER

4 H. — 3 F.

SOCIETE LYRIQUE

Prix net : 1 fr. 25

PARIS

G. KRIER, Editeur, 51-53, Faubourg Saint-Denis

1913

LE PANTALON

VAUDEVILLE EN UN ACTE

de **Louis MARTIN** & Georges **KRIER**

N° 33

RÉPERTOIRE DE LA
Société des Auteurs, Compositeurs et Éditeurs de Musique
10, Rue Chaptal — PARIS

LE PANTALON

VAUDEVILLE EN UN ACTE

de Louis MARTIN & Georges KRIER

1 H. — 3 F.

SOCIETE LYRIQUE

Prix net : **1 fr. 25**

PARIS

G. KRIER, Editeur, 51-53, Faubourg Saint-Denis

1913

DISTRIBUTION

BEAUPIGNON, *négociant.*
CASTAGNAC, *capitaine.*
Lucien PERNET.
BOMBINET, *soldat.*
CLÉMENCE, *femme de Beaupignon.*
BERTRANDE, *fille de Beaupignon.*
ERNESTINE, *bonne.*

Le Pantalon

VAUDEVILLE EN UN ACTE

de Louis MARTIN & Georges KRIER

La scène se passe chez les Beaupignon. Salon meublé bourgeoisement. Porte au fond s'ouvrant sur une antichambre ; portes latérales, celle de gauche donnant accès aux chambres des Beaupignon, celle de droite à la salle à manger. Au premier plan, à gauche, un guéridon. Au lever du rideau Clémence, Bertrande et Lucien sont assis autour du guéridon. Clémence travaille à un ouvrage de dame. Bertrande et Lucien regardent une revue.

SCÈNE PREMIÈRE

CLÉMENCE, BERTRANDE, LUCIEN

CLÉMENCE

Bertrande ! ne t'approche pas si près de M. Lucien.

BERTRANDE

Oh ! pourquoi ? je ne fais pas de mal.

LUCIEN

Nous regardons l'*Illustration*.

CLÉMENCE

Ce n'est pas une raison pour qu'elle se mette dans votre poche.

BERTRANDE, *se reculant avec exagération*

Suis-je assez loin comme cela ?

LUCIEN, *à part*

C'est amusant ! (*Haut*) Pourtant deux fiancés...

CLÉMENCE

Jusqu'au mariage, une jeune fille bien élevée doit se tenir sur la réserve et observer une tenue correcte.

BERTRANDE

Oh !

CLÉMENCE

Et puis le mariage n'est pas encore fait.

LUCIEN, *abasourdi*

Comment ?

CLÉMENCE

En huit jours il se passe bien des choses. Aurez-vous au moins un peu d'affection pour vos beaux parents, pour votre belle-mère surtout ?

LUCIEN

En pouvez-vous douter ?

CLÉMENCE

Jurez-le !

LUCIEN

Comment ! vous voulez ?...

BERTRANDE

Mais, maman, c'est naturel, voyons.

CLÉMENCE

Tu n'as pas la parole. (*A Lucien*). Vous hésitez ?

LUCIEN

Mais pas du tout. (*Solennel*). Je le jure.

CLÉMENCE

Bien. Maintenant, je dois vous dire que je tiens à ce que mon gendre ait des égards pour la famille de sa femme. Vous viendrez me souhaiter ma fête, la Sainte Clémence ?

LUCIEN, *à part*

Quelle clémence ! (*Haut*). Mais certainement.

CLÉMENCE

Celle de mon mari, la Saint-Joseph ?

LUCIEN

Comment donc.

CLÉMENCE

Et vous n'oublierez pas au jour de l'an de venir nous présenter vos hommages ?

LUCIEN

C'est la moindre des choses.

CLÉMENCE

Jurez-le !

LUCIEN, *toujours solennel*

Je le jure. (*A part*). Toi, ce que je vais te débarquer après le mariage.

CLÉMENCE

C'est bien. A présent vous pouvez continuer à regarder les images. mais pas trop près. (*Bertrande se rapproche de Lucien*).

LUCIEN

Est-ce que je n'aurai pas le plaisir de voir M. Beaupignon, aujourd'hui ?

BERTRANDE

Oh ! si. Papa doit rentrer pour déjeuner, nous l'attendons.

CLÉMENCE

Ce n'est pas toi que M. Pernel interrogeait.

BERTRANDE

Alors, si je ne peux rien dire.

LUCIEN, *à part*

Pour une mère crampon, elle est un peu là.

CLÉMENCE

Mon mari est parti depuis deux jours pour Rochefort-sur-Mer. (*Lui tendant une dépêche*). Vous pouvez lire.

LUCIEN

« Affaire exceptionnelle à enlever, présence nécessaire. Barbot ».

CLÉMENCE

Une très grosse affaire qui doit rapporter la forte somme. J'ai reçu un mot de lui à l'arrivée dans cette ville, tout va bien.

LUCIEN

Tant mieux. Je serai très heureux de le voir.

BERTRANDE

Lui aussi, allez, il vous aime bien papa.

LUCIEN

Mais croyez bien, ma chère Bertrande, que de mon côté...

SCÈNE II

LES MÊMES, ERNESTINE *puis* BOMBINET

ERNESTINE, *entrant de droite*

Pardon, madame, je ne dérange pas madame ?

CLÉMENCE

Qu'y a-t-il, Ernestine ?

ERNESTINE

C'est... c'est au sujet de Bombinet.

CLÉMENCE

Bombinet ? Qui ça Bombinet ?

ERNESTINE

Madame sait bien : mon fiancé et mon cousin.

CLÉMENCE

Ah ! oui. Eh bien ?

ERNESTINE

Il est venu me voir et il voudrait présenter ses respects à madame et à mademoiselle.

CLÉMENCE

Ah ! Eh bien, faites-le entrer.

ERNESTINE

Madame est bien bonne. (*Allant ouvrir la porte de droite*). Tu peux entrer.

BOMBINET, *enlevant son képi*

Monsieur, madame, la compagnie ; que je viens vous remercier pour la chose du sentiment et de l'amour.

CLÉMENCE

Bon ! Bon ! J'ai autorisé Ernestine à vous recevoir, car j'espère que vous venez la voir pour le bon motif.

BOMBINET

Ça, c'est la vérité pure.

ERNESTINE

Nous avons été élevés ensemble.

BOMBINET

Ernestine et moi, nous nous aimons comme qui dirait Philognon et Beausuif.

LUCIEN

Il veut dire probablement, Philémon et Baucis.

BERTRANDE

Il est amusant.

BOMBINET

Et j'espère bien que d'ici trois mois, nous boulotterons ensemble la gamelle conjugale.

ERNESTINE, *admirative*

Il parle bien.

CLÉMENCE

Et... que faites-vous ?

BOMBINET

Ce que je fais ? Ah ! oui : Je suis ordonnance chez mon capitaine.

CLÉMENCE

Maintenant, mais dans le civil ?

BOMBINET

Ah ! dans la civilité, je fais le cochon.

TOUS

Hein !

BOMBINET

Comprenez pas ? Eh bien, voilà : Mes parents tiennent chez nous une grande porcherie.

CLÉMENCE

Ah ! oui, oui.

BOMBINET

Alors, ils font l'élevage ; seulement, voilà, ils sont vieux, et le père m'a dit : Julot, ne te laisse pas séduire par le galon ; tu pourrais peut-être devenir officier mais, crois-moi, ça ne vaut pas le métier de ton père. Ah ! pour du mal ya du mal ; ces bêtes-là faut du soin et de la connais-sance : il y a la mangeaille, l'engraissage et puis tout. C'est pour ça que je veux me marier, car pour faire le cochon, faut une femme, pas vas.

LUCIEN

Il a une façon de s'exprimer.

CLÉMENCE

Ernestine, vous pouvez emmener votre coc... Votre cou-sin à la cuisine.

BOMBINET

Et puis la truie. Ah ! celle-là !

ERNESTINE

Viens, Julot !

BOMBINET

Laisse donc, ça intéresse la patronne. La truie quand elle veut voir le...

CLÉMENCE

Oui, oui, pas de détails, allez !

SCÈNE III

LES MÊMES, BEAUPIGNON

BEAUPIGNON

entrant du fond, costume de voyage, valise.
Bonjour les enfants !

BERTRANDE, *lui sautant au cou*

Ah ! bonjour petit père.

BEAUPIGNON, *l'embrassant*

Bonjour, mon enfant. (*Tendant la main à Lucien*). Ça va, grand garçon ? (*Il dépose sa valise sur une chaise au fond*). Ah ! Clémence ! Je suis heureux de te revoir. (*Il l'embrasse*).

CLÉMENCE

Tu n'es pas trop fatigué ?

BEAUPIGNON

Du tout. (*Apercevant Bombinet*). Tiens ! un soldat.

BOMBINET, *à part*

C'est le bourgeois.

CLÉMENCE

Oui, le cousin d'Ernestine, son fiancé.

BEAUPIGNON

Alors tout le monde se marie ? bravo !

BOMBINET

Et si vous aimez le jambon.

BEAUPIGNON

Quoi ? le jambon.

CLÉMENCE

Plus tard ! plus tard ! Ernestine, débarrassez monsieur de son manteau et préparez le couvert.

ERNESTINE, *retirant le manteau*

Oui madame. (*Remontant à droite*). Viens, Julot, tu vas m'aider.

BOMBINET

Avec plaisir. (*A Beaupignon*). Et du cochon de première qualité, vous savez.

ERNESTINE, *le tirant*

Mais viens donc. (*Ils sortent à droite*).

SCÈNE IV

LES MÊMES, *moins* BOMBINET *et* ERNESTINE

BEAUPIGNON, *à part*

Qu'est-ce qu'il a avec son cochon ? cet imbécile-là !

CLÉMENCE

Es-tu content ? as-tu réussi ?

BEAUPIGNON

Très content, mais je t'en prie, ne parlons pas d'affaires aujourd'hui. Voilà deux jours que j'en ai la tête farcie.

BERTRANDE

Raconte plutôt ton voyage. C'est beau, Rochefort-sur-Mer ?

BEAUPIGNON

Oh ! tu sais, je n'ai pas eu beaucoup le temps de visiter la ville.

LUCIEN

Mais l'aspect général.

BEAUPIGNON

Vous ne connaissez pas Rochefort ?

LUCIEN

Ma foi non.

BEAUPIGNON, *à part*

Bon ! alors je peux y aller. (*Haut*). Figurez-vous une ville bâtie en amphithéâtre sur le bord de la mer.

CLÉMENCE

Ça doit être pittoresque ?

BEAUPIGNON

Très pittoresque. A l'hôtel où j'étais, l'hôtel du... des... des Voyageurs, deux fenêtres sur la mer ; immense la mer ! J'ai pris un bain, ça m'a fait du bien.

CLÉMENCE

Tu nous raconteras cela à table. Monsieur Pernet, je vous permets d'offrir le bras à ma fille.

LUCIEN

Ma chère Bertrande.

BERTRANDE

Monsieur.

LUCIEN

Monsieur ? C'est bien froid ; appelez-moi Lucien.

BERTRANDE

Je n'ose pas.

LUCIEN

Ah ! petite timide, il faudra bien que je vous aguerrisse. (*Ils remontent à droite*).

CLÉMENCE

Le temps de me changer et je vous suis. Dépêche-toi ! Joseph.

BEAUPIGNON

Ne t'inquiète pas, j'y vais. (*Lucien et Bertrande sortent à droite, Clémence à gauche.*)

SCÈNE V

BEAUPIGNON, *ouvrant la valise sur le guéridon*

Il faut avouer que je suis une franche canaille. Pendant que ma femme me croyait à Rochefort-sur-Mer, je filais tranquillement le parfait amour à Paris chez ma petite amie, Eva Corbillon. Ah ! l'amour de petite femme ! Ça n'a pas été facile d'organiser cette fugue de deux jours, avec ma femme qui se méfie et se tient toujours sur ses gardes ; si jamais elle apprenait que je la trompe... Eva m'avait dit : Je serai libre jeudi et vendredi, mon amant est obligé de s'absenter — car elle a un amant et très jaloux, paraît-il. — Tâche d'être libre de ton côté, mon chéri, c'est toi que j'aime le mieux, et nous mènerons la grande vie, ohé ! ohé ! Oui, mais comment faire ? Heureusement que Barbot y allait, lui, à Rochefort ; alors je lui ai dit : Mon vieux Barbot, il faut que tu me rendes un service. Et allez donc ! le coup de la dépêche. « Affaire exceptionnelle à enlever, présence nécessaire ». Ce qu'elle a marché, ma femme. Entre hommes, on peut bien se prêter la main, à charge de revanche. Avant son départ, j'avais chargé Barbot de mettre à la poste, deux jours après la dépêche, une lettre que je lui avais remise pour tranquiliser mon épouse ; ça, c'est du machiavélisme, et pour qu'il n'y ait aucun doute dans son esprit, j'ai acheté au Louvre une petite potiche avec un médaillon qui représente un bateau sur la mer, je lui dirai que c'est Rochefort. (*Cherchant dans sa valise*). Qu'est-ce que j'en ai fait ? Ah ! la voilà ! (*Il sort un paquet et le développe*). Avec une femme comme la mienne, il faut prendre ses précautions. (*Surpris*). Mais ce n'est pas une potiche, qu'est-ce que c'est que ça ? Un pantalon ? Voyons... voyons... mais oui, c'est un pantalon de femme, marqué E. C. C'est à Eva, il n'y a pas de doute, je le reconnaîtrais rien qu'à l'odeur. Oh ! qu'il sent bon ! (*Fouillant sa valise*). Mais alors, je me suis trompé de paquet, moi.

SCÈNE VI

BEAUPIGNON, CLÉMENCE *puis* BOMBINET

CLÉMENCE, *entrant de gauche*

Comment ! encore là, Joseph ?

BEAUPIGNON, *à part*

Oh ! ma femme ! (*Il cache le pantalon derrière son dos*). Tu vois j'arrangeais ma valise.

CLÉMENCE

Tu l'arrangeras plus tard.

BOMBINET, *entrant de droite*

Madame, Ernestine m'a dit de vous prévenir que le rata était servi.

BEAUPIGNON, *gêné*

Voilà ! on y va. (*A sa femme*). Je te suis.

CLÉMENCE, *sortant à droite*

Quel lambin tu fais.

BEAUPIGNON, *tendant le pantalon à Bombinet*

Cache-moi ça, toi, tu ne le rendras qu'à moi, entends-tu ? quand je serai seul. Tiens, voilà quarante sous pour boire à ma santé. Surtout ne le montre à personne, c'est une surprise, tu comprends ?

BOMBINET

Quarante sous ! je marche.

BEAUPIGNON, *sur la porte de droite*

Cache-le, je te le redemanderai. (*Il sort*).

SCÈNE VII

BOMBINET, *puis* ERNESTINE

BOMBINET

passant ses bras dans les jambes du pantalon.

C'est un falzar de moukère. (*Le flairant*). Oh ! ça sent plus bon que les chaussettes russes ; la môme qui se passe ça dans les gambettes, elle aime la parfumerie, et puis ya la place pour les jambonneaux ; mince de largeur ! Elle a de quoi s'asseoir. Je me demande où le bourgeois a pigé ça ? Hé ! Hé ! il ne s'embête pas le frère. Après tout ce n'est pas mes oignons ; il m'a donné quarante sous pour cacher le culbutant, à ce prix-là, j'en cacherais dix tous les jours. Ce n'est pas tout ça, où vais-je le fourrer ? Bah ! je vais le carrer dans le couloir. (*Il sort au fond*).

ERNESTINE, *entrant de droite*

Julot ! où diable est-il passé? Julot !

BOMBINET, *passant la tête au fond*

Présent !

ERNESTINE

Eh bien, que fais-tu là ? Je t'attends.

BOMBINET, *entrant*

Voilà ! Voilà ! Femme divine et inflammatoire. (*Il l'embrasse*).

ERNESTINE

A bas les pattes!

BOMBINET, *à part*

Ça y est ! j'ai escamoté le fourbi. (*Haut*). Je prenais le frais.

ERNESTINE

Dans l'antichambre ? drôle d'idée. (*On sonne dehors*).

BOMBINET

Tiens !

ERNESTINE

On a sonné. Pendant que je vais ouvrir, cours à la cuisine surveiller le rôti, et ne le laisse pas brûler surtout.

BOMBINET

As pas peur ! Ah ! si je ne me retenais pas. (*Il serre Ernestine dans ses bras et l'embrasse plusieurs fois ; on sonne plus fort*).

ERNESTINE

Mais lâche-moi donc ; tu vois bien qu'on s'impatiente. (*Elle sort au fond*).

BOMBINET

Ah ! l'amour ! quand ça vous tient c'est comme les puces, ça vous asticote le sang. (*Il sort à droite, la scène reste vide un moment*).

SCÈNE VIII

CASTAGNAC, ERNESTINE

CASTAGNAC

entrant du fond avec Ernestine ; il est en tenue civile et tient une canne.

Ayez l'obligeance de prévenir M. Beaupignon que je désire lui parler. (*Cassant*). Je suis pressé, voici ma carte.

ERNESTINE, *à part*

Il n'a pas l'air commode. (*Haut*). Bien monsieur, mais je crois devoir vous prévenir que Monsieur est à table et que...

CASTAGNAC

Ça m'est égal ! dites-lui qu'il y a urgence.

ERNESTINE

Bien, monsieur. (*A part*). Quelle type ! (*Elle sort à droite*).

CASTAGNAC

Enfin, je vais donc me trouver face à face avec ce Lovelace. Je lui apprendrai ce qu'il en coûte de rendre visite à Eva pendant mon absence. Ah ! mille tonnerres ! je vais lui montrer de quel bois se chauffe le capitaine Castagnac. Eva a beau protester de son innocence, j'ai une preuve irrécusable : (*Tirant une carte de visite*). Cette carte trouvée sous le canapé. J'ai le flair, on ne me le met pas. (*Grinçant*) Ah ! ah ! nous allons rire !

SCÈNE IX

CASTAGNAC, BEAUPIGNON

BEAUPIGNON, *entrant de droite, lisant la carte*

Capitaine Castagnac ?... connais pas. Vous désirez me parler, monsieur ?

CASTAGNAC, *à part*

Comment ! c'est avec ce vieux pékin-là qu'elle me trompe ? (*Haut*) Pardon, vous êtes bien monsieur Beaupignon, il n'y a pas d'erreur ?

BEAUPIGNON, *intrigué*

Aucune. (*Aimable*). Donnez-vous donc la peine de vous asseoir, capitaine.

CASTAGNAC

Inutile ! J'ai l'habitude de régler les affaires en cinq sec, face à l'ennemi.

BEAUPIGNON

Je ne comprends pas.

CASTAGNAC

Vous allez comprendre. Cette carte est bien à vous ?

BEAUPIGNON, *regardant sans la prendre*

Parfaitement.

CASTAGNAC

Enfin, vous êtes bien Joseph Beaupignon ?

BEAUPIGNON

C'est bien moi.

CASTAGNAC, *lui donnant un soufflet*

Alors, voilà !

BEAUPIGNON

Oh !

CASTAGNAC

Et ce n'est pas tout.

BEAUPIGNON, *se reculant*

Comment, il y en a encore ?

CASTAGNAC

Demain, mes témoins s'aboucheront avec les vôtres et après demain, je vous embroche comme un poulet.

BEAUPIGNON

Il veut me tuer par dessus le marché.

CASTAGNAC

Etant l'offensé, j'ai le choix des armes.

BEAUPIGNON

Mais vous êtes fou ; est-ce que je vous connais, moi ?

CASTAGNAC

Vous apprendrez à me connaître.

BEAUPIGNON

Ah ! mais non ! C'est trop fort ! Vous vous introduisez chez moi, vous me donnez un soufflet et vous prétendez être l'offensé ? Ça c'est roide.

CASTAGNAC

Je défends mon bien, vous avez voulu me voler, mort au voleur !

BEAUPIGNON, *ahuri*

Vous voler, moi ? Qui ? Quoi ?

CASTAGNAC

Eva Corbillon.

BEAUPIGNON, *abasourdi*

Aïe ! l'amant d'Eva. (*Inquiet regardant la porte de droite*). Si ma femme l'entend, je suis flambé. (*Haut*). Je vous en prie, monsieur, ne criez pas si fort. Je vous assure qu'il y a erreur sur la personne.

CASTAGNAC

Ah ! oui, comme elle, vous cherchez à me donner le change ; mais cette carte trouvée sous son canapé ?

BEAUPIGNON

Plus bas, monsieur, plus bas. Ah ! la carte ? (*A part*). J'ai dû la laisser tomber en ouvrant mon portefeuille. (*Haut*). Je ne m'explique pas ; il y a là un de ces mystères aussi insondables que ceux de la Providence.

CASTAGNAC

Il n'y a qu'une chose qui m'étonne : C'est qu'Eva ait pu encaisser une bobine comme la vôtre.

BEAUPIGNON

Monsieur !

CASTAGNAC

Ça a dû vous coûter cher, hein ?

BEAUPIGNON

Mais puisque je vous répète qu'il y a erreur.

CASTAGNAC

Allons donc ! j'ai du flair. Quand j'ai quitté Eva, il y a deux jours, rien de suspect ne m'apparaissait. C'est donc pendant mon absence, c'est-à-dire jeudi et vendredi, je précise, que vous avez soudoyé ma petite amie.

BEAUPIGNON

Je nie avec la force de l'innocence.

CASTAGNAC

Alors, trouvez un alibi.

BEAUPIGNON

Un alibi ? (*Apercevant la dépêche restée sur le guéridon*). Oh ! voilà mon affaire. Monsieur, je n'ai pu me trouver chez la personne en question car, aux jours que vous indiquez, j'étais en voyage d'affaires à Rochefort-sur-Mer. (*Lui tendant la dépêche*). Lisez !

CASTAGNAC, *la prenant*

Rochefort... Affaire exceptionnelle...

BEAUPIGNON

Et j'en arrive à l'instant ; voici ma valise.

CASTAGNAC, *regardant la dépêche*

La date coïncide, qu'est-ce que cela veut dire ?

BEAUPIGNON

Etes-vous convaincu ?

CASTAGNAC

Hum !

BEAUPIGNON, *triomphant*

Ville superbe, Rochefort : Bâtie en amphithéâtre sur la mer... l'océan... immense ! J'ai même pris un bain.

CASTAGNAC, *étonné*

Hein ! en amphithéâtre ?

BEAUPIGNON

Oh ! vous savez, quand je dis en amphithéâtre, il y a des maisons, voilà.

CASTAGNAC

La ville... sur la mer ?

BEAUPIGNON

Dame ! Rochefort-sur-Mer.

CASTAGNAC

C'est trop fort !

BEAUPIGNON, *craintif*

Vous... vous connaissez Rochefort ?

CASTAGNAC

En garnison cinq ans.

BEAUPIGNON, *à part*

Aïe ! j'aurais mieux fait de me taire.

CASTAGNAC, *à part*

Ce pékin-là veut me monter le coup, nous allons voir. (*Haut*). J'habitais devant une grande place ovale sur laquelle s'élève la statue équestre de Nabuchodonosor.

BEAUPIGNON

Nabu... Ah ! c'est Nabuchodonosor ? Cette grande place ovale, je me rappelle... parfaitement... un homme à cheval .. Nabu...

CASTAGNAC, *marchant sur lui furieux*

Vous mentez comme un arracheur de dents.

BEAUPIGNON

Mais...

CASTAGNAC

Il n'y a pas de mer à Rochefort qui est à 14 kilomètres de la côte.

BEAUPIGNON, *reculant*

Pas... pas possible !

CASTAGNAC

Il n'y a pas de place ovale ; elle est carrée, et en fait de statue, c'est un kiosque à musique.

BEAUPIGNON, *à part*

Je suis frit.

CASTAGNAC

Votre dépêche est truquée ; au lieu de vous innocenter, elle vous condamne.

BEAUPIGNON, *à part*

Quelle affaire ! Mon Dieu, quelle affaire !

CASTAGNAC

Vous pouvez commander votre cercueil ; dans deux jours, vous aurez disparu de la circulation. A bientôt, monsieur Beaupignouf. (*Il remonte au fond*). Crève la paillasse, mille tonnerres !

BEAUPIGNON

Pardon ! capitaine, je vous demanderai...

CASTAGNAC

Un autre ? (*Lui donnant un soufflet*). Voilà ! (*Il sort au fond*).

SCÈNE X

BEAUPIGNON, *tombant dans un fauteuil*

Ce n'est pas un homme, c'est un tigre déchaîné. Me battre ? moi, Beaupignon ; ce ne serait pas un duel mais un assassinat. Est-ce que je sais tenir une épée comme ce spadassin ? Et puis ma femme... ma fille qui va se marier. J'avais bien besoin de lui parler de ce voyage. Aussi a-t-on idée d'une ville qui se fait appeler Rochefort-sur Mer et qui n'est pas sur la mer, c'est dégoûtant ! Il m'a dit de préparer mon cercueil, ce buveur de sang ; brrr ! rien que d'y penser, je sens que je vais m'évanouir.

SCÈNE XI

BEAUPIGNON, CLÉMENCE, *puis* BERTRANDE,
LUCIEN, BOMBINET, ERNESTINE

CLÉMENCE, *entrant de droite*

Ah ça ! Joseph, que fais-tu ? le déjeuner ne sera plus
mangeable. Ah ! mon Dieu ! serais-tu malade ?

BEAUPIGNON

Je ne me sens pas bien.

CLÉMENCE

Mais il fallait appeler. Je te croyais en affaires avec un
client.

BEAUPIGNON

Un client ? Ah ! oui, il est parti ; c'est après son départ
que ça m'a pris.

CLÉMENCE

Il ne faut pas rester ainsi. (*Ouvrant à droite*). Bertrande ! Lucien ! venez vite !

BERTRANDE, *suivie de Lucien*

Qu'y a-t-il ?

CLÉMENCE

Ton père est malade.

LUCIEN

Monsieur Beaupignon ? (*Tous l'entourent*).

BERTRANDE

Où as-tu mal ?

CLÉMENCE

Tiens ! veux-tu que je te dise : C'est ton bain de mer.

BEAUPIGNON

Mon bain de mer ? Ah ! oui...

CLÉMENCE

Tu as voulu faire le jeune homme et tu as attrapé froid,
voilà.

BERTRANDE

Veux-tu quelque chose ?

BEAUPIGNON

Oui, une feuille de papier timbré.

TOUS

Hein !

BEAUPIGNON

Je veux faire mon testament.

CLÉMENCE, *affolée*

Joseph !

BERTRANDE, *de même*

Papa !

LUCIEN

Voyons, monsieur Beaupignon, un peu de ressort, que diable ! Prenez un bon grog, ça vous remettra.

CLÉMENCE

Vous avez raison. (*Appelant à droite*). Ernestine ! (*Elle revient à Beaupignon*).

ERNESTINE, *suivie de Bombinet*

Madame ?

CLÉMENCE

Vite ! préparez un grog pour monsieur qui est malade.

ERNESTINE

Ah ! mon Dieu ! Tout de suite, madame, j'ai justement de l'eau bouillante.

BOMBINET

Inquiétez-vous pas, on va lui préparer son drogue. (*Il emboîte le pas à Ernestine tous deux sortent à droite*).

BEAUPIGNON

Je veux un enterrement simple.

CLÉMENCE, *larmoyant*

Joseph !

BEAUPIGNON

Ni fleurs, ni couronnes. (*A part*). Je n'en mérite pas.

BERTRANDE, *sanglotant*

Quel malheur ! Monsieur Lucien, on ne peut pas laisser papa dans cet état-là.

LUCIEN

Vous avez raison, je passe mon pardessus et je vais chercher le médecin.

BERTRANDE

Oui, courez !

LUCIEN

Je reviens de suite. (*Il sort au fond*).

BOMBINET

entrant solennel portant une tasse sur un plateau.
C'est moi que je l'ai fait.

CLÉMENCE

Donnez vite ! Tiens ! mon ami, bois, ça te fera du bien.

BEAUPIGNON

Merci ! (*Il boit*). Pouah ! qu'est-ce que c'est que ça ? Je suis empoisonné.

BOMBINET

Empoisonné ?

ERNESTINE, *entrant de droite*

Je m'en doutais. (*A Bombinet*). Où as-tu pris le sucre en poudre ?

BOMBINET

Dans le placard.

ERNESTINE

Imbécile ! c'était du sel ; je t'avais dit dans le buffet.

CLÉMENCE

Emportez cette horreur.

BOMBINET, *remontant*

Elle m'a dit dans le placard. (*Il sort à droite. On sonne*).

CLÉMENCE

Allez vite ! Ernestine.

BERTRANDE

C'est peut-être le docteur.

SCÈNE XII

LES MÊMES, *moins* BOMBINET, CASTAGNAC

CASTAGNAC, *suivi d'Ernestine qui reste au fond*

C'est bon ! c'est bon !

CLÉMENCE

Ah ! Docteur !

BERTRANDE

Sauvez-le !

CASTAGNAC

Hein ! Docteur ? Je crois mesdames, qu'il y a confusion.

BEAUPIGNON, *à part*

Encore lui ! C'est le châtiment qui commence.

CLÉMENCE

Mais alors, monsieur, qui êtes-vous ?

CASTAGNAC

Ah ! parbleu ! madame, votre mari le sait bien ; nous avons à régler une petite affaire ensemble et j'aurais besoin de lui causer en particulier.

CLÉMENCE

Impossible ! monsieur, mon mari n'est pas en état de vous recevoir.

BERTRANDE

Papa est trop malade.

CASTAGNAC, *à part*

Il a une femme et une fille, c'est du propre !

CLÉMENCE

Nous attendons le docteur, ainsi...

BEAUPIGNON, *à part*

Ah ! Eva ! si j'avais su !

CASTAGNAC, *à part*

Je sens la moutarde qui me monte au nez. (*Haut*). Mesdames, je ne suis pas dupe de cette comédie.

CLÉMENCE

Monsieur, je vous prie de sortir.

BEAUPIGNON

Oui, qu'il s'en aille.

CASTAGNAC

Ah ! mille millions de baïonnettes ! Je ne sortirai pas avant d'avoir dit ce que j'ai sur le cœur. (*Il fait le tour du théâtre en tapant à tort et à travers sur les meubles avec sa canne*).

CLÉMENCE

Mais c'est un fou !

CASTAGNAC, *repoussant Ernestine qui s'interpose*

Votre mari est un paltoquet.

BEAUPIGNON

Il va tout casser.

BERTRANDE

Et pas un homme pour nous défendre ; si mon fiancé était là...

ERNESTINE

Attendez ! mademoiselle, je vais chercher Julot, il saura bien nous débarrasser de cet oiseau-là. (*Elle sort à droite*).

CASTAGNAC, *gesticulant toujours*

Poule mouillée ! J'aurai ta peau, mille tonnerres ! On ne me le met pas, j'ai du flair.

SCÈNE XIII

LES MÊMES, BOMBINET

BOMBINET, *entrant de droite avec Ernestine*

Ousqu'il est ? (*Se crachant dans les mains*). Tu vas voir ! (*Il s'approche de Castagnac qui lui tourne le dos*). C'est y que vous allez faire longtemps de la rouspétance, vous ?

CASTAGNAC, *se retournant*

Hein !

BOMBINET

Oh ! le capiston ! (*Il salue militairement*).

CASTAGNAC, *étonné*

Mon ordonnance ? Soldat Bombinet, que faites-vous ici ?

BOMBINET

Mon capitaine je... je fais la cour.

CASTAGNAC

La cour ?

BOMBINET

La cour à Ernestine, c'est ma promise.

CASTAGNAC

Bon ! Puisque vous avez fait la cour et que vous n'avez pas fait ma chambre, vous ferez huit jours de bloc.

BOMBINET

Oui... mon... capitaine (*à part*). Pour une sale affaire, c'est une sale affaire.

ERNESTINE

Comment ! c'était son capitaine. (*Elle remonte au fond où un colloque s'établit entre elle et Bombinet*).

CASTAGNAC

Et maintenant, silence dans les rangs ! Je ne suis pas venu ici pour m'amuser. A nous deux, monsieur Beaupignon.

BEAUPIGNON, *d'une voix éteinte*

Vous ne pourriez pas repasser.

CLÉMENCE

Ah ça ! monsieur, allez-vous nous laisser tranquilles, à la fin !

BERTRANDE

J'entends M. Lucien, nous sommes sauvés.

SCÈNE XIV

LES MÊMES, LUCIEN

LUCIEN, *entrant du fond*

Tranquillisez-vous ! le docteur vient de suite après sa visite. (*A Beaupignon*). Je lui ai parlé de Rochefort, justement il en est.

BEAUPIGNON, *à part*

Ils connaissent tous ce pays-là, il n'y a que moi qui l'ignore.

LUCIEN, *apercevant Castagnac, saluant*

Monsieur ! (*à part*). Sapristi ! J'ai chaud. (*Il tire de la poche de son pardessus le pantalon avec lequel il s'éponge*).

CASTAGNAC, *aspirant l'air*

Tonnerre de tonnerre ! Ça le sent.

LUCIEN

Hein !

CASTAGNAC

L'Ylang-Ylang, le parfum d'Eva.

BERTRANDE

Ah ! monsieur Lucien, débarrassez-nous de cet être-là.

CASTAGNAC, *arrachant le pantalon à Lucien*

Faites voir un peu ce que vous tenez-là ?

LUCIEN

Dites donc, monsieur !

CASTAGNAC, *étalant le pantalon*

Ah ! ah ! ah ! J'en étais sûr, j'ai le flair.

BEAUPIGNON

Malheur ! ça se complique.

CLÉMENCE

Un pantalon de femme, que signifie ?

LUCIEN

Ça, par exemple, si j'y comprends quelque chose.

CASTAGNAC

N'essayez pas de nier ; ce pantalon se trouvait dans votre poche.

BOMBINET, *descendant*

Pardon ! mon capitaine.

CASTAGNAC

Toi, tu feras quatre jours de boîte de plus pour m'interrompre.

BOMBINET, *remontant*

Oh ! alors ! (*Il continue à gesticuler avec Ernestine*).

CLÉMENCE, *à Lucien*

Ceci, monsieur, demande des éclaircissements : Vous sollicitez la main de ma fille et vous vous promenez avec un pantalon de cocotte dans votre poche ; mon devoir de mère est d'exiger des explications.

BERTRANDE

Oh ! monsieur Lucien, je ne vous aurais pas cru capable...

LUCIEN

Mais non ! mais non ! je proteste.

CASTAGNAC

A d'autres ! Seulement, je me suis grossièrement trompé en accusant M. Beaupignon.

BEAUPIGNON

Hein !

CLÉMENCE

Mon mari ?

CASTAGNAC

Eh ! oui, j'avais trouvé sa carte chez ma petite amie.

CLÉMENCE

Joseph ? il est incapable...

CASTAGNAC

C'est bien ce qui m'étonnait ; il est trop démoli.

BEAUPIGNON, *à part*

Comment trop démoli.

CASTAGNAC

Mais maintenant j'y vois clair. C'est ce petit monsieur-là qui aura laissé la carte de M. Beaupignon.

LUCIEN

C'est trop fort !

CASTAGNAC

Monsieur Beaupignon, je vous adresse mes plus humbles excuses et, pour me prouver que vous ne m'en voulez pas, donnez-moi la main.

BEAUPIGNON, *se levant*

Mais, capitaine, je veux bien. (*Il sert la main de Castagnac, à part*). Mon affaire a l'air de s'arranger, quant à l'autre qu'il se débrouille.

CLÉMENCE, *à Lucien*

Monsieur ! ce que vous avez fait là est indigne ; tout est rompu entre nous.

LUCIEN

Pardon !

CLÉMENCE

J'espère que M. Beaupignon est de mon avis ?

BEAUPIGNON

Mais... je... certainement ; c'est indigne, monsieur.

BERTRANDE

Ah ! que je suis malheureuse.

LUCIEN

Je proteste avec la plus grande indignation.

CASTAGNAC

Vous avez beau protester ; on ne me le met pas, j'ai le flair. J'en appelle à monsieur Beaupignon : ce pantalon est-il marqué oui ou non ?

BEAUPIGNON

Il l'est, c'est évident. E. C.

CASTAGNAC

Qu'est-ce que ça veut dire ?

BEAUPIGNON

E. C. attendez donc ? J'y suis : Entende Cordiale.

CASTAGNAC

Hein ! Il ne saurait y avoir d'entente cordiale. E. C.
Eva Corbillon, mille tonnerres !

LUCIEN

Dans mon petit corbillon, qu'y met-on ?

CLÉMENCE, *s'oubliant*

Une rose pompon !

BERTRANDE

Un bonbon !

BEAUPIGNON

Un napoléon !

ERNESTINE

Un oignon !

BOMBINET

Un saucisson !

CASTAGNAC, *furieux*

Assez ! (*A Lucien*). Demain vous recevrez mes témoins,
votre carte ?

LUCIEN

Est-ce que vous croyez me faire peur, vous, avec vos
airs de tranche montagne ? la voilà ma carte, et si vous
n'êtes pas content, tenez ! (*Il veut lui donner un soufflet,
mais Castagnac s'efface et c'est Beaupignon qui le reçoit*).

BEAUPIGNON

Oh !

CLÉMENCE

Misérable ! il bat mon mari.

CASTAGNAC

Ça n'a pas d'importance, il a l'habitude.

BERTRANDE

Allons-nous en, maman, je ne veux plus le voir. (*Elle
sanglote*).

CLÉMENCE

Oui, fi-fille, ne pleure pas, va, il n'en vaut pas la peine.
(*Elle sort à gauche avec Bertrande*).

LUCIEN

Croyez, monsieur Beaupignon, que je suis désolé...

BEAUPIGNON

Pas tant que moi, monsieur, mais après ce qui vient de se passer, vous permettrez que je vous cède la place. Venez capitaine, vous prendrez bien quelque chose.

CASTAGNAC

Avec plaisir. (*A Lucien*). A demain, blanc bec.

LUCIEN

Allez au diable !

BEAUPIGNON

faisant passer le capitaine devant puis passant près de Bombinet

Tiens ! voilà cent sous, silence ! *Il sort à droite avec Castagnac.*

SCÈNE XV

LUCIEN, BOMBINET, ERNESTINE

LUCIEN

Eh bien, me voilà gentil garçon ; mon mariage raté, moi qui ai déjà lancé mes invitations. C'est égal je voudrais bien savoir comment ce pantalon...

ERNESTINE

On va vous le dire.

LUCIEN

Vous savez ?

ERNESTINE

Oui, Bombinet m'a tout raconté. (*A Bombinet*). Vas-y Julot !

BOMBINET

Non, toi.

ERNESTINE

Non, puisque c'est toi.

LUCIEN

Ah ! dépêchez-vous !

BOMBINET

Eh bien, c'est moi qui ai mis le falzar dans votre poche.

LUCIEN

Toi.

BOMBINET

Oui ! Monsieur Beaupignon m'a dit de le cacher et de ne le montrer à personne, que c'était une surprise.

LUCIEN

Elle est jolie la surprise ! Mais voyons, c'est M. Beaupignon, tu es sûr ?

BOMBINET

Si je suis sûr ? même qu'il m'a donné quarante sous pour que je ne le remette qu'à lui, quand il serait seul.

LUCIEN

Tiens ! tiens !

BOMBINET

Alors, je ne savais pas où le fourrer, moi, ce sacré grimpant.

LUCIEN

Et tu l'as mis dans ma poche ?

BOMBINET

Voilà !

LUCIEN

Voilà ! Il trouve ça tout naturel.

ERNESTINE

Tu oublies de dire que M. Beaupignon vient de te donner cent sous à l'instant pour que tu gardes le silence.

BOMBINET

C'est vrai !

LUCIEN

Mais alors, c'est lui le coupable. Oh! mais ça ne va pas se passer comme ça ; je vais lui dire son fait à M. Beaupignon.

ERNESTINE

N'en faites rien, vous gâteriez tout. Vous tenez à épouser mademoiselle ?

LUCIEN

Si j'y tiens ? Mais je l'adore cette petite.

ERNESTINE

Alors, laissez-moi faire ; il y a peut-être moyen de tout arranger : Madame ignorera les frasques de Monsieur qui vous sera reconnaissant de ne pas avoir découvert le pot aux roses, et Mademoiselle sera bien obligée de reconnaître votre innocence.

ERNESTINE

LUCIEN

Mais comment faire ?

ERNESTINE

On va tout mettre sur le dos de Julot.

BOMBINET

Ah ! mais non, je ne marche pas.

ERNESTINE

M'aimes-tu ou ne m'aimes-tu pas ?

BOMBINET

Ah ! Titine ! tu veux donc me faire envoyer à Biribi ?

ERNESTINE

Mais non, grosse bête ; viens avec moi, je vais t'expliquer ce qu'il faut faire. (*A Lucien*). Ne bougez pas ! ayez confiance ; nous arriverons au bon moment.

BOMBINET

Je ne vais pas y couper, c'est sûr.

ERNESTINE, *à Lucien*

Pas un mot à personne, ce serait raté ; laissez-moi faire.

LUCIEN

Allons ! c'est entendu.

ERNESTINE

Viens ! Julot.

BOMBINET

Ah ! sacré falzar de fumelle, va ! (*Il sort au fond avec Ernestine*).

SCÈNE XVI

LUCIEN *puis* BERTRANDE

LUCIEN

Ainsi, c'est papa Beaupignon qui trompe sa femme et c'est moi qui en supporterais les conséquences ? Ah ! mais non ! Pourtant la boniche a raison : Si je le dénonce, il ne me pardonnera jamais et mon mariage ne se fera pas. Bah ! attendons les évènements ; il sera toujours temps d'agir si les choses ne s'arrangent pas.

BERTRANDE, *entrant de gauche*

Oh !

LUCIEN

Bertrande !

BERTRANDE

Je vous croyais parti, monsieur.

LUCIEN

Ma chère Bertrande ! Comment avez-vous pu penser que je m'en irais avant de vous avoir revue.

BERTRANDE

Monsieur !

LUCIEN

Avant d'avoir fait justice de cette sotte accusation.

BERTRANDE

Inutile d'insister, les preuves sont trop évidentes.

LUCIEN

Je reconnais qu'il y a contre moi un concours de circonstances qui m'accusent ; (*Lui prenant la main*) mais je vous jure, ma chère Bertrande, que je n'ai qu'un amour au cœur et que ce cœur est à vous, rien qu'à vous.

BERTRANDE

Laissez-moi, monsieur, je ne puis vous croire.

SCÈNE XVII

LES MÊMES, CLÉMENCE *puis* BEAUPIGNON *et* CASTAGNAC

CLÉMENCE, *entrant de gauche*

Comment ! encore ici monsieur ?

LUCIEN

Mais, madame...

CLÉMENCE

Je croyais, monsieur, que la simple pudeur vous aurait fait comprendre combien votre présence ici devenait insupportable.

LUCIEN

Je tiens à vous expliquer.

CLÉMENCE

Nous n'avons que faire de vos explications; allez retrouver votre drôlesse, monsieur.

LUCIEN, *à part*

Ah ! si je pouvais parler.

BEAUPIGNON, *entrant de droite suivi de Castagnac*

Enchanté d'avoir fait votre connaissance, capitaine.

CASTAGNAC

Tout l'honneur est pour moi, monsieur Beaupignon. *Apercevant Lucien*). Oh ! mon rival !

BEAUPIGNON

Encore vous, monsieur ? Je croyais pourtant vous avoir signifié...

LUCIEN, *à part*

Quand je pense que je pourrais le faire rentrer sous terre. (*Haut*). Monsieur Beaupignon, pourrais-je vous dire deux mots en particulier ?

BEAUPIGNON

Après ce qui s'est passé? jamais ! monsieur, tout est rompu.

CASTAGNAC

A la bonne heure ! et demain... (*Faisant deux appels du pied*). Pan ! pan ! six pouces de fer dans le ventre.

SCÈNE XVIII

LES MÊMES, ERNESTINE, BOMBINET

ERNESTINE, *entrant du fond avec Bombinet*

C'est le moment ! (*Ils descendent et occupent tous deux le milieu du théâtre*).

BOMBINET, *se précipitant à genoux*

Ah ! monsieur Beaupignon !

BEAUPIGNON

Hein !

BOMBINET

Ah ! mon capitaine !

CASTAGNAC

Qu'est-ce que tu fais ? imbécile !

BOMBINET, *se frappant la poitrine.*

C'est ma faute ! C'est ma faute ! c'est ma très grande faute !

ERNESTINE, *pleurant dans son tablier*

Oui, la mienne aussi.

BEAUPIGNON, *à part.*

Il va vendre la mèche, cet animal-là.

BOMBINET

C'est moi qui ai mis le pantalon dans la poche de M. Pernet.

BEAUPIGNON

Je suis flambé !

CASTAGNAC

Tu as mis le pantalon ?... (*Le prenant au collet et le forçant à se relever*). Explique-toi, triple idiot !

BOMBINET, *à part*

C'est biribi, pour sûr, ah ! mes pauvres cochons !

CASTAGNAC

Parleras-tu crétin !

BOMBINET

Voilà : J'avais apporté le pantalon pour qu'Ernestine en prenne le modèle.

CASTAGNAC

Hein !

ERNESTINE, *pleurant toujours*

Ce n'était pas pour le garder bien sûr.

BEAUPIGNON, *à part*

Tiens ! tiens ! ce n'est pas mal imaginé.

BOMBINET

Alors, quand vous êtes arrivé, j'ai eu peur et je l'ai caché où j'ai pu.

BERTRANDE

Ah ! mon Dieu ! s'il disait vrai.

LUCIEN

Enfin ! tout s'éclaircit.

CASTAGNAC

Mais la carte que j'ai trouvée ?

ERNESTINE, *de même*

C'est moi qui l'avais donnée à Julot pour qu'il ait l'adresse de la maison.

CASTAGNAC

Mais alors Eva ne me trompait pas. Ah ! l'amour de petite femme ! Je me disais aussi : avec ma prestance...

BERTRANDE

Ah ! maman ! que je suis heureuse !

CLÉMENCE

Mon gendre, pardonnez-moi et oubliez tout ce que je vous ai dit.

LUCIEN

Ah ! madame ! je suis trop heureux.

CASTAGNAC, *à Bombinet*

Bougre d'imbécile ! tu m'as fait faire une de ces gaffes... (*A Lucien*). Jeune homme je vous dois des excuses et je vous les adresse très loyalement. (*A Bombinet*). Quant à toi, clampin, tu n'y couperas pas.

BOMBINET

Ça y est !

CASTAGNAC

Huit jours de prison, mille tonnerres ! avec un sale motif.

ERNESTINE

Je demande à les faire avec lui.

CASTAGNAC

Hein ! vous dites ? manquerait plus que cela ; le règlement s'y oppose.

BEAUPIGNON

Allons, capitaine, un bon mouvement ; et puisque tout le monde est entrain de pardonner...

BERTRANDE

Oh ! oui, capitaine, vous me feriez un si grand plaisir.

CASTAGNAC

Il ne sera pas dit que j'aurai résisté à deux beaux yeux comme les vôtres. (*A Bombinet*). Remercie Mademoiselle, abruti !

BOMBINET

Oui, mon... capitaine.

BEAUPIGNON, *à part*

Je m'en tire à bon compte. (*A Ernestine*). Je double les gages. (*A Castagnac*). Capitaine je vous invite à la noce.

CASTAGNAC

J'accepte avec plaisir.

CLÉMENCE, *à Lucien*

J'espère mon gendre, que vous ne tromperez jamais ma fille ? Que mon mari vous serve d'exemple.

LUCIEN

Hum ! Je vous le promets.

BOMBINET

Eh bien, moi aussi je serai fidèle : à mes cochons et à ma femme.

ERNESTINE

Dis-donc, tu pourrais me faire passer la première.

RIDEAU

Imp. Thiolât Frères, Saint-Amand (Cher). — Ph. Laloue, Agent
35, Rue Boulard, Paris.